आदि शंकराचार्य

(जीवन कथा)

आदि शंकराचार्य

संजय दुबे

श्रृंखला सम्पादक

लीलाधर मंडलोई

वाणी प्रकाशन ग्रुप

भारतीय ज्ञानपीठ

वाणी प्रकाशन : भारतीय ज्ञानपीठ की पुस्तकों के एकमात्र प्रकाशक एवं वितरक

सजिल्द पहला संस्करण : 2017
सजिल्द दूसरा संस्करण : 2024

शिक्षोदय ग्रन्थमाला : ग्रन्थांक 055

प्रकाशक
वाणी प्रकाशन ग्रुप
4695, 21-ए, दरियागंज, नयी दिल्ली-110 002
फ़ोन : 011-23273167, 23275710
ईमेल : sales@vaniprakashan.in

ISBN 978-93-263-5542-1

आदि शंकराचार्य
(जीवन-कथा)
संजय दुबे

AADI SHANKARACHARYA
(Jeevan-Katha)
by Sanjay Dubey

मुद्रक : आर. टेक ऑफ़सेट प्रिंटर्स, दिल्ली-110 032

Price: 295

भारत के भविष्यः युवा साथियों के लिए

मेरी बात

हमारे शास्त्रों में मानव जन्म को श्रेष्ठ बताया गया है। वह उतना ही श्रेष्ठ बनता है जितनी हमारी संस्कृति, सभ्यता और धर्म ये तीनों श्रेष्ठ होंगे। क्योंकि जन्म के बाद जब मनुष्य समाज से परिचित होता है तो वह उसी समाज का अनुकरण करने लगता है जो वह अपने चारों ओर देखता है। यही अनुकरण मानव को देवता या राक्षस में परिवर्तित कर देता है।

भारत अपनी सभ्यता और संस्कृति के कारण विश्व गुरु रहा है। यहाँ पर कई मत एवं सम्प्रदायों का उदय हुआ और उन्होंने हमारी सभ्यता को पुष्ट किया। जब भी इस सभ्यता, संस्कृति या धर्म में कुरीतियों ने जन्म लिया और साधारण मानव उनमें उलझने लगा, तो किसी न किसी महापुरुष का उदय हुआ। जैसा भगवान श्री कृष्ण ने गीता में कहा है—'जब-जब इस धरा पर धर्म की हानि या कुरीतियों का प्रसार होगा तब-तब कोई न कोई महापुरुष हमारा मार्गदर्शन करने अवश्य आएगा।' ताकि हमारी यह अनूठी सभ्यता और संस्कृति अक्षुण्ण बनी रहे और हम उसका अनुकरण कर अपना जीवन सफल करते रहें।

आदि शंकराचार्य उन महापुरुषों में से एक हैं, जिन्होंने हमारा

मार्गदर्शन किया। धर्म और संस्कृति से कुरीतियों को बाहर किया। मानव को मानव बनने की शिक्षा दी। उनके जीवन एवं कार्यों पर आधारित छोटी-सी पुस्तक उनके जीवन की मात्र एक झलक ही प्रस्तुत करती है। ताकि हम अपने बच्चों को उनके विषय में जानने की एक जिज्ञासा पैदा कर सकें ।

—संजय दुबे

सत्य की परिभाषा क्या है? सत्य की बस इतनी ही परिभाषा है कि जो सदा था, जो सदा है और जो सदा रहेगा।

— **आदि शंकराचार्य**

आदि शंकराचार्य: जीवन-कथा

भारतीय संस्कृति और सभ्यता का आधार सनातन धर्म और दर्शन है। इस आधार को जब भी कोई क्षति हुई या धार्मिक अन्धविश्वास, कुरीतियों और अज्ञानता ने अपना विस्तार किया, तब-तब इतिहास साक्षी है कि ऐसे महापुरुषों ने जन्म लिया जिनके मौलिक चिन्तन और मार्गदर्शन ने धर्म और दर्शन से अन्धविश्वास, कुरीतियों और अज्ञानता का समूल नाश किया। ऐसे महापुरुषों में से एक हैं हमारे आदि शंकराचार्य। इनका जन्म भारत के केरल राज्य में दक्षिणी मालाबार के पर्वतीय प्रदेश में पूर्णा नदी के किनारे 'कालटी' नामक ग्राम में हुआ था। इस ग्राम का दूसरा नाम भी ग्रन्थों में मिलता है— 'कलान्दी'। यह ग्राम चेर साम्राज्य के अन्तर्गत आता था। यह ग्राम ब्राह्मण बहुल था। इसमें रहनेवाले सभी ब्राह्मण परिवार धर्मनिष्ठ, वेदपाठी और सदाचारी थे। ग्राम का वातावरण पूर्णत: वेद और शास्त्रों की चर्चा और ईश्वरीय आस्थावाला था।

उनके दादा परम विद्वान थे, उनका नाम— विद्याधर था। उन्हें विद्याधिराज भी कहा जाता था। वे नाम्बूरी श्रेणी के ब्राह्मण कुल में उत्पन्न हुए थे। वे अपने परिवार की विद्वत परम्परा का नेतृत्व करते

थे। उनकी विद्वता की कीर्ति चेर साम्राज्य में दूर-दूर का फैल चुकी थी।

केरल राज्य के तत्कालीन राजा तो विद्याधर की विद्वता के भक्त थे। उन्होंने विद्याधर को आकाशलिंग महादेव मन्दिर का प्रधान नियुक्त कर रखा था। वहाँ विद्याधर मन, वचन और कर्म से परम श्रद्धा के साथ भगवान शंकर की आराधना करते थे। उनकी भगवान शंकर के प्रति अगाध भक्ति और निष्ठा थी। वे उनकी भक्ति में इतने तल्लीन हो जाते थे कि उन्हें सांसारिक इच्छाओं और कामनाओं का ख्याल ही नहीं आता था।

आकाशलिंग महादेव मन्दिर अत्यधिक धनसम्पदा से पूरित था। उस सम्पदा से विद्याधर को कोई मोह नहीं था। वह साधारण-सी वेशभूषा में रहना पसंद करते थे। उनका भोजन बहुत सादा होता था। वे उस सम्पदा से दुखियों और गरीबों की मदद किया करते थे, कोई भी जरूरतमन्द उनके पास से खाली हाथ नहीं लौटता था।

ऐसे परम दानी और विद्वान विद्याधर के यहाँ एक तेजस्वी पुत्र का जन्म हुआ। यह बालक देखने में साक्षात ज्योति रूप प्रतीत होता था। विद्याधर को उस बालक को देखकर ऐसा लगा जैसे साक्षात् भगवान शंकर ही उनके पुत्र बनकर प्रगट हुए हों। वैदिक परम्परा के अनुसार ब्राह्मणों को बुलाकर बालक का नामकरण संस्कार किया गया। बालक का नाम शिवगुरु रखा गया। शिवगुरु बाल्यावस्था से कुशाग्र बुद्धि बालक थे, उन्होंने अल्प समय में ही वेद, वेदान्त की शिक्षा ग्रहण कर ली। उनकी विद्वता ने उन्हें अपने पिता तुल्य बना दिया। उनके मन में भी सांसारिक सुख के प्रति वैराग्य था।

शंकराचार्य के माता-पिता शिव की पूजा करते हुए

लेकिन गुरु जी के आदेश से वह गृहस्थ जीवन में आये, ताकि माता-पिता की सेवा कर सकें। माता-पिता ने पुत्र शिवगुरु का विवाह ब्राह्मण विदुषी कुलीन और संस्कारित कन्या विशिष्टा देवी से सम्पन्न करा दिया। विशिष्टा देवी का नाम कुछ शास्त्रों में कामाक्षदेवी या सुभद्रा भी मिलता है।

आचार्य शिवगुरु ने अपने गृहस्थ धर्म का पालन करने हुए लम्बे समय तक जीवन व्यतीत किया लेकिन किसी सन्तान की प्राप्ति नहीं हो सकी। दोनों पति-पत्नी का मन सन्तान के लिए विचलित होने लगा। उन्होंने भगवान शंकर की आराधना शुरू की। लम्बे समय तक आराधना करने पर भी सन्तान की प्राप्ति न होने पर

शंकराचार्य के पिता स्वप्न में भगवान शंकर के दर्शन करते हुए

उनकी पत्नी विशिष्टा ने एक दिन कहा— 'स्वामी आप और हम क्यों न भगवान शंकर की कठोर तपस्या करें जिससे प्रसन्न होकर उन्हें मेरी गोद भरनी ही पड़ेगी।' पति शिवगुरु ने पत्नी का सुझाव स्वीकार कर लिया। दोनों ने भगवान शंकर का कठोर तप शुरू कर दिया।

भगवान शंकर शीघ्र ही प्रसन्न हो गये। एक दिन रात का अन्तिम प्रहर चल रहा था। शिवगुरु गहरी निद्रा में थे तभी उन्हें स्वप्न में अद्वितीय व्यक्तित्व वाला वृद्ध ब्राह्मण दिखाई दिया। उनका मुख चमक रहा था उन्होंने शिवगुरु से कहा बेटा—'तुम्हारी तपस्या पूर्ण हुई। भगवान शिव तुम्हारी तपस्या से बहुत प्रसन्न हैं। तुम्हें जल्द ही

पुत्र रत्न की प्राप्ति होगी।'

"लेकिन पुत्र ..." ब्राह्मण देवता यह कहकर चुप हो गये।

"लेकिन क्या... देवता, क्या कोई दुविधा भी है..." शिवगुरु सपने में ही चिन्तित हो उठे।

"दुविधा तो नहीं पुत्र परन्तु तुम्हें एक बात बतानी है मुझे।"

"आज्ञा दें विप्रवर..." उन्होंने सर झुकाते हुए कहा।

तुम्हारा पुत्र अत्यन्त विद्वान और तपस्वी होगा, संसार उसका नाम सूर्य और चन्द्रमा के रहने तक जानेगा, परन्तु वह गृहस्थ धर्म का पालन नहीं करेगा। तुम्हारे वंश का नाम उसी के नाम से आलोकित रहेगा।

शिवगुरु को गुरुकुल में किया गया निश्चय स्मृति में आ गया। उन्हें प्रसन्नता हुई। उन्होंने हाथ जोड़कर कहा— "जैसी शिव की इच्छा।"

शिवगुरु की ऐसी बात सुन ब्राह्मण मुस्कराते हुए बोले, "तथास्तु"। तत्पश्चात शिवगुरु की नींद खुल गयी। शिवगुरु स्वप्न को लेकर बहुत प्रसन्न हुए उन्होंने सबसे पहले यह स्वप्न अपनी पत्नी को नींद से उठाकर सुनाया। पत्नी सुनकर बहुत प्रसन्न हुई और बोली स्वामी अपनी तपस्या सफल हो गयी। हम सुबह यह स्वप्न ब्राह्मणों को सुनाएँगें। उसके बाद वैदिक विधि के द्वारा तपस्या की समाप्ति करेंगे। सवेरा होते ही दोनों ने ब्राह्मणों के द्वारा बताई गयी विधि से तपस्या समाप्त की और शिवजी से प्रार्थना की।

भगवान शंकर की कृपा से शीघ्र ही शिवगुरु की पत्नी विशिष्टा देवी गर्भवती हो गयीं। बालक के गर्भ में आते ही विशिष्टा देवी के

शंकराचार्य झूले में झूलते हुए

चारों ओर एक सकारात्मक वातावरण बनने लगा। बालक के तेजस्वी गुण गर्भ से दिखाई लगे थे। विशिष्टा देवी जब भी अपने गर्भ में होने वाली हलचल को महसूस करतीं तो अन्य महिलाओं से चर्चा करती थीं। यह अनुभव एक सामान्य गर्भ से अलग था।

वैशाख शुक्ल पंचमी सम्वत् 845 विक्रमी (788 ई.) के दिन विशिष्टा देवी के गर्भ से बालक का जन्म हुआ। इस समय को लेकर विद्वानों में एक मत नहीं। बालक एक अलौकिक आभामंडल लिये हुए था। पिता शिवगुरु ने भगवान शंकर का प्रसाद मान कर बालक का नाम शंकर रख दिया। बालक को भगवान शंकर के चरणों में रखकर माता-पिता ने कहा— "प्रभु यह आपका ही

वरदान है। आप ही इसकी रक्षा करना तथा इसे हर तरह से सर्वगुण सम्पन्न बनाना।"

बालक जैसे-जैसे बड़ा होने लगा उसकी तीव्र बुद्धि लोगों को चमत्कृत करने लगी थी क्योंकि जब शंकर मात्र एक साल के थे तो मातृभाषा की पूर्ण वर्णमाला याद कर ली थी। वे मातृभाषा में अपने भावों को व्यक्त करने लगे थे। दो साल के होते-होते उसने अक्षर को पढ़ना सीख लिया। माता के द्वारा जो भी कहानियाँ सुनाई जातीं वह उन्हें एक ही बार में कंठस्थ कर लेते थे। तीन साल के होने पर उनका चूडाकर्म संस्कार वैदिक पद्धति से सम्पन्न हुआ।

बालक शंकर तीन साल के थे तभी उनके पिता का असमय ही देहान्त हो गया। इसका बालक के मन-मस्तिष्क पर बड़ा गहरा प्रभाव पड़ा। वह अकेला बैठकर रोने लगता था। माँ का जीवन भी सूना हो गया। माँ बेटे दोनों ने इस वियोग के कष्ट को तो सह लिया। लेकिन शंकर इस घटना से समझ चुके थे कि यह संसार नाशवान है। यहाँ जिसने जन्म लिया है उसकी मृत्यु अवश्य होगी।

उन्होंने इतनी कम आयु में जगत की वास्तविकता को समझ लिया। वह इस पर गम्भीरता से विचार करने लगे। वह जब भी अपने से बड़ों के पास या छोटों के पास बैठते तो यही बातें करते कि यह संसार नाशवान है। यह मानव जीवन पानी के बुलबुलों की तरह है पता नहीं कब किसको इस संसार को छोड़कर जाना पड़ जाए ये कोई नहीं जानता।

बालक शंकर का पाँच साल की आयु में माँ ने यज्ञोपवीत संस्कार सम्पन्न करवाया। इसके बाद बालक ने गुरुकुल में प्रवेश

लिया। उनकी बुद्धि इतनी कुशाग्र थी कि अल्प काल में वेद शास्त्रों का अध्ययन कर लिया। जब वे सात साल के हुए तो चारों वेद, वेदान्त, दर्शन, पुराण और काव्य आदि विषयों के विशेषज्ञ बन गये। उनकी ऐसी बौद्धिक क्षमता देखकर गुरु जी भी आश्चर्य करने लगते थे। लोग उन्हें देव अवतार मानने लगे थे।

शंकर को लोग स्वामी या आचार्य कहकर पुकारने लगे क्योंकि चारों ओर यह कहनियाँ धीरे-धीरे फैलने लगी थीं। लोग दूर-दूर से बालक के दर्शन करने के लिए आया करते थे। वह इन्हें देव अवतार कहकर पुकारने लगे। दूसरी ओर लोगों का इतना स्नेह होने पर भी बालक शंकर पर कोई प्रभाव नहीं पड़ता था। वह अपनी उम्र के बालकों के साथ खेलने-कूदने में समय नष्ट नहीं करते थे। न ही कोई शरारत करते थे। वह अधिकांश समय ध्यानावस्था में ही रहते थे। संन्यासियों की तरह रहनाखाना और जीवन बिताना उन्हें पसन्द आता था। उनकी माता यदि अच्छे वस्त्र पहनतीं तो वह उनसे बचने की कोशिश करते थे। इसी तरह खानपान में भी उन्हें बहुत ही सादा खाना खाना पसन्द था। अधिकांश समय वह एकान्त में बिताना पसन्द करते थे। वे अकसर सोचते रहते कि यह संसार क्या है? इस संसार का आदि क्या है? और संसार में परिवर्तन क्यों होता है? ये प्रश्न शंकर के मन में निरन्तर चलते रहते लेकिन कोई सन्तोषजनक उत्तर न मिल पाने पर वह व्याकुल हो उठते थे। यही क्रम शंकर के मन-मस्तिष्क में चलने लगा।

एक दिन की बात है शाम के समय बालक शंकर अपने विचारों में मगन होकर आसमान की ओर देख रहे थे। उनका

शंकराचार्य भोजनादि करने के लिए बैठे हुए हैं

आभामंडल सूर्य की लालिमा सा हो रहा था। तभी एक साधु वहाँ से गुजरे। वह बड़े ही विद्वान और तत्त्व ज्ञानी महात्मा थे। जैसे ही उनकी नजर बालक शंकर पर पड़ी वह तत्काल ही समझ गये कि यह बालक साधारण नहीं है। इसकी दिव्यता बता रही है कि यह इस धरती पर संसार के कल्याण के लिए आया है। उन्होंने कुतूहल के साथ शंकर की परीक्षा लेने का विचार किया। वह उनके पास जाकर बोले– ''कस्त्वम्'' अर्थात् तुम कौन हो?

शंकर ने महात्मा को प्रणाम किया और कहा –''मैं नहीं जानता।''

महात्मा ने शंकर के इस उत्तर को समझ लिया। फिर भी पुनः

शंकर से पूछा—"क्या तुम वास्तव में नहीं जानते हो कौन हो।"

शंकर ने पुनः महात्मा से कहा कि मैं नहीं जानता। यदि आप जानते हों कि मैं कौन हूँ तो कृपा कर मुझे बताएँ। महात्मा ने कहा कि यदि मैं जानता होता तो यहाँ तुम्हारे पास भटकता नहीं।

बालक शंकर का यह उत्तर सुन साधु महाराज गम्भीर हो गये। और कहा— "बेटा यह संसार का सार है।"

शंकर साधु की बात सुन आश्चर्य में पड़ गये। उनके मन में इस सार को जानने की उत्सुकता बढ़ गयी। उन्होंने तुरन्त ही साधु के चरण पकड़ लिये और कहने लगे— "मैं जीवन के इस रहस्य को जानना चाहता हूँ। इसी के लिए मैं व्याकुल हूँ। कृपा कर मुझे यह बता दीजिए यह सार तत्त्व क्या है?"

साधु महाराज कहने लगे - "वत्स इस सार तत्त्व को इस संसार में रहकर नहीं जाना जा सकता। इसे जानने के लिए संसार का त्याग करना पड़ेगा तथा जीवन के तमाम कोलाहलों से दूर जाना होगा।"

साधु महाराज की इस बात से शंकर ने असहमति जातते हुए कहा—"महात्मन् आप मुझे टाल रहे हैं इतना तो मैं भी जानता हूँ कि वह सार तत्त्व जानने के लिए इस जगत को छोड़ने की आवश्यकता नहीं है, न ही कहीं जाने की जरूरत है। यह तत्त्व न तो कहीं बाहर है न ऊपर है न नीचे और न किसी के भीतर है। वह तो हमारे पास है। उसे तो केवल आत्मदर्शन या आत्मचिन्तन से ही प्राप्त किया जा सकता है। आप मुझे कृपया उस आत्मचिन्तन की विधि बताएँ जिससे मैं उस सार तत्त्व को जान सकूँ।"

साधु बालक शंकर से ऐसे सार तत्त्व की बातें सुनकर आश्चर्य में पड़ गये। सोचने लगे कि यह बालक साधारण नहीं हो सकता है। यह संसार के कल्याण के लिए आया कोई अवतारी महापुरुष है।

उन्होंने बालक से कहा—"बेटा, मैं तो तुम्हारे सामने किसी योग्य नहीं हूँ।" केवल आयु में बड़ा होने के कारण मैं तुमको आशीर्वाद दे सकता हूँ। ऐसा कहकर साधु चल पड़े। शंकर ने साधु का पीछा नहीं छोड़ा, वह उनके पीछे-पीछे उनके आश्रम में जा पहुँचे। साधु ने जब देखा तो शंकर कहने लगे—"महात्मन् आप मेरी व्याकुलता को नहीं समझ रहे हैं। मुझे अपना शिष्य बना लीजिए। मुझे संन्यास धर्म की दीक्षा देकर उस परमात्मा की प्राप्ति के लिए प्रेरित कीजिए।"

साधु ने बड़े स्नेह के साथ बालक शंकर को स्पर्श किया और बोल— "बेटा, मैं तुम्हें क्या शिक्षा दूँगा, तुम नहीं जानते कि तुम क्या हो। आने वाले समय में बड़े-बड़े साधु महात्मा तुमसे दीक्षा ग्रहण करेंगे। तुम्हें अपनी शक्ति का स्मरण नहीं है कि तुम क्या हो?"

साधु की इतनी बातें सुनकर भी शंकर हाथ जोड़े खड़े रहे और बोले—"महात्मन् मैं आपका पीछा नहीं छोड़ूँगा। आपको मुझ बालक पर दया करनी होगी।" साधु की समझ में नहीं आ रहा था कि मैं इस बालक से क्या कहूँ, फिर भी बोले—"बेटा तुम अपनी माँ की एकमात्र सन्तान हो यदि तुम ही संन्यास ग्रहण कर लोगे तो तुम्हारी माँ का जीवन ही खत्म हो जाएगा क्योंकि तुम्हारे पिता का देहान्त पहले ही हो चुका है। तुम्हीं एकमात्र सहारा हो। इसलिए जाओ और

अपनी माँ की सेवा करो। संन्यास धर्म का पालन करना बड़ा ही कठिन कार्य है।''

साधु के बार-बार मना करने पर वह उनके आश्रम में ही बैठ गये और विचार करने लगे कि ''आखिर इस संसार का सार तत्त्व क्या है? मैं कौन हूँ? कहाँ से आया हूँ?'' इस प्रश्नों पर बार-बार चिन्तन करने लगे। इन्हीं प्रश्नों पर विचार करते हुए उन्होंने आत्मबोध नामक पुस्तक लिखी।

पुत्र के घर न पहुँचने पर माता विशिष्टा व्याकुल हो उठीं वह बालक को खोजने के लिए कुछ पड़ोसियों के साथ रात के अँधेरे में निकल पड़ी, कुछ लोगों से जानकारी मिलने पर उनकी माता साधु के आश्रम में पहुँच गयीं। वहाँ शंकर को देखकर प्रसन्न हो गयीं और शंकर को साथ लेकर वह घर आ गयीं। माँ ने शंकर से पूछा कि बेटा तुम कहाँ गये थे? मेरा मन बहुत व्याकुल हो रहा था तो शंकर बोले माँ मेरा मन इस क्षणभंगुर संसार में नहीं लगता, मैं संन्यास लेना चाहता हूँ। ऐसा सुनकर माँ चिन्ता में डूब गयीं। लेकिन शंकर का मन तो संन्यास लेने के उपाय खोजने में लग गया। वह संन्यास तो लेना चाहते थे, पर माँ की आज्ञा आवश्यक थी क्योंकि माँ को असहाय छोड़कर यदि वह संन्यास लेते तो संन्यास का पूर्ण फल नहीं मिलता। इसलिए वह सहर्ष ही माँ की आज्ञा चाहते थे।

माँ शंकर के मन की बात समझ गयी थीं। उन्होंने सम्बन्धियों से विचार-विमर्श किया तो सभी ने कहा कि तुम शंकर का विवाह करा दो तो उसका मन दाम्पत्य में लग जाएगा। माँ को सम्बन्धियों की सलाह अच्छी लगीं वह एक सुयोग्य बहू के लिए प्रयास करने

शंकराचार्य माता को सहारा देते

लगी। शंकर को बहुत समझाने का प्रयास किया लेकिन वह विवाह करने तैयार नहीं हुए।

आषाढ़ मास की बात है। शंकर की माँ प्रतिदिन नदी पर स्नान करने जाती थीं इसके बाद ही उनकी दिनचर्चा शुरू होती थी। नदी घर से कुछ दूरी पर थी। उस दिन धूप अधिक होने के कारण उनकी माँ रास्ते में बेहोश हो गयीं। जब माँ काफी देर तक घर नहीं लौटी तो शंकर परेशान होने लगे, वह कुछ देर इंतजार कर माँ को देखने निकल पड़े। रास्ते में जब माँ को बेहोश देखा तो वह बड़े बेचैन हो गये। माँ को लेकर घर आये। माँ जैसे ही ठीक हुईं वह आसमान की ओर ध्यान से देखने लगे, कुछ देर बाद तेज बारिश शुरू हो गयी। शंकर मुस्काते हुए बोले, माँ अब आपको नदी तक जाने की

शंकराचार्य पूर्णा नदी को बुलाते हुए

आवश्यकता नहीं, नदी आपके घर के पास से निकलेगी। माँ ऐसा चमत्कार देखकर बोली बेटा तुम कौन हो? शंकर मुस्काते हुए बोले माँ मैं नहीं जानता कौन हूँ?

बालक शंकर के इस चमत्कार की चर्चा पूरे राज्य में फैल गयी। आसपास के लोग शंकर के दर्शन करने आने लगे। उस समय के राजा चन्द्रशेखर तक यह समाचार पहुँचा कि बालक शंकर पूर्णा नदी को माँ के लिए घर तक ले आये हैं। तो राजा ने शाही भेंट के साथ अपने दूत से कहा कि तुम जाओ बालक शंकर को यह भेंट देकर कहना कि वह समय निकालाकर दरबार में अवश्य आये। मैं उनसे मिलना चाहता हूँ।

दूत राजा की आज्ञा से बालक शंकर के पास पहुँचे तो बालक

शंकराचार्य माँ की सेवा करते हुए

शंकर ने राजा की भेंट लेने से इनकार कर दिया। मुस्काते हुए बोले—"लगता है महाराज को कोई भ्रम हो गया है। मैं तो साधारण बालक हूँ। वैराग्य में मैं विश्वास करता हूँ, एक वैरागी या संन्यासी के लिए इन हीरे मोती की भेंट से क्या प्रयोजन है? आप इसे वापिस ले जाएँ।"

दूत जब राजा के पास पहुँचा तो बोला—"महाराज वह बालक छोटा जरूर है, लेकिन उसकी विद्वता किसी प्रौढ़ से कम नहीं है। उसने आपकी भेंट अस्वीकार कर दी और आपसे केवल आशीर्वाद ही चाहा है।"

दूत के ऐसे वचन सुन राजा के मन में शंकर से मिलने की उत्कंठा पैदा हो गयी, शीघ्र ही दूत के साथ शंकर के दर्शन के लिए चल पड़े। राजा ने देखा बालक शंकर मृगचर्म पर आसन लगाए बैठे हुए है। उसके आभामंडल को देखकर राजा आश्चर्य में पड़

शंकराचार्य शिष्यों को उपदेश देते हुए

गये। राजा ने उनके पास जाकर सादर प्रणाम किया। राजा स्वयं विद्वान थे। उन्होंने बालक की परीक्षा लेने के लिए कुछ सवाल किये जिनके शंकर ने बड़ी शालीनता के साथ जबाव दिये राजा उनके जवाबों से बहुत प्रभावित हुए।

राजा ने चलते समय कुछ भेंट शंकर को देनी चाही तो शंकर ने उसे भी अस्वीकार कर दिया, कहा कि महाराज मुझे इस धन-सम्पत्ति से कोई मोह नहीं है। आप इसे जरूरतमन्दों में वितरित कर दीजिए। राजा के बार-बार अनुरोध करने पर भी शंकर ने भेंट न ली तो राजा ने उसे जरूरतमन्दों को देने का आदेश दिया और शंकर को सादर प्रणाम कर राजा चले गये।

बालक शंकर माँ से निरन्तर संन्यासी बनने की आज्ञा देने का आग्रह करने लगे। एक दिन की बात है कुछ विद्वान ब्राह्मण शंकर से मिलने आये। शंकर के घर पर न होने के कारण उनकी माँ ने

शंकराचार्य माँ की सेवा करते हुए

आदरपूर्वक उनको आसन दिया और बैठने को कहा। ब्राह्मणों के सत्कार के बाद माँ ने शंकर की जन्म कुंडली उनको दिखाई तो सभी ने एक स्वर में कहा कि यह बालक एक अवतारी पुरुष है। इसकी कुंडली में संन्यास का योग है।

माँ को यह बात अच्छी नहीं लगी। माँ बोली आप उसके बारे में और कुछ बताएँ तो वह बोले माता जी आपके बालक की आयु बहुत कम है। यह सुनकर माँ बहुत दुखी हो गयी, वह रोते हुए बोलीं इसका कोई उपाय है तो ब्राह्मणों ने कहा कि आप यदि शंकर को संन्यासी बनने की आज्ञा प्रदान कर दें तो शास्त्रों के अनुसार उसका दूसरा जन्म शुरू हो जाएगा। माँ को ब्राह्मणों की यह बात भी अच्छी नहीं लगी। वह पुत्र को किसी भी स्थिति में अपने से दूर नहीं करना चाहती थीं।

शंकराचार्य नदी में स्नान करते हुए

इसके बाद भी बालक शंकर ने कई बार माँ से अनुरोध किया कि मुझे संन्यासी बनने की अनुमति दें। लेकिन माँ ने कोई उत्तर नहीं दिया। एक बार की बात है माँ रोज़ की तरह पूर्णा नदी में स्नान कर रही थीं तभी शंकर भी नदी में स्नान करने के लिए उतर गये। कुछ ही देर में शंकर की चीखने की आवाज आयी। माँ ने पलटकर देखा तो शंकर के पैर को एक मगरमच्छ ने पकड़ लिया था। माँ पुत्र की ये स्थिति देखकर व्याकुल हो उठीं, उनको तुरन्त ब्राह्मणों की बात याद आयी कि यदि बालक को संन्यास लेने की आज्ञा दे दें तो उसका दूसरा जन्म शुरू हो जाएगा। उन्होंने हाथ जोड़कर कहा—" हे काल रूपी मगरमच्छ मैं अपने बालक को संन्यासी बनने की आज्ञा प्रदान करती हूँ। आप उसे नव जीवन प्रदान करें क्योंकि शास्त्रों के अनुसार संन्यासी बनने पर नया जन्म शुरू हो जाता है।" माँ की ऐसी प्रार्थना सुनकर ऐसा चमत्कार हुआ कि वह मगर शंकर के पैर को छोड़कर

शंकराचार्य माँ से भिक्षा लेते हुए

पानी में चला गया।

माँ ने बेटे शंकर को तुरन्त ही अपने गले से लगा लिया और ईश्वर को धन्यवाद कहा कि आपकी कृपा से ही आज शंकर की जान बच पायी है। शंकर ने माँ से कहा—"माँ मेरी जान नहीं बची, मुझे आपने संन्यासी बनने की आज्ञा प्रदान कर दी मेरा पहला जन्म खत्म हो गया। अब तो ये मेरा नया जन्म है।" बालक शंकर की ऐसी बात सुन माँ रोने लगी तो शंकर ने आँसू पोंछते हुए कहा—"माँ मैं तेरा ही बालक हूँ। तू जब मुझे याद करेगी मैं तेरे पास आ जाऊँगा। माँ मैं ही तुम्हारा अन्तिम संस्कार करूँगा। आप बिलकुल चिन्ता न करें।" विशिष्टा देवी समझ गयी यही विधि का विधान है इसे नहीं रोका जा सकता। उन्होंने बालक शंकर को संन्यासी बनने

की आज्ञा प्रदान कर आशीर्वाद दिया।

अगले दिन सुबह होते ही बालक शंकर ने सिर मुँडवाकर पूर्णा नदी में स्नान किया। फिर उन्होंने विरजा होम किया। गेरुए वस्त्र धारण कर माता के चरणों में सिर झुकाकर आशीर्वाद लिया और चल पड़े।

संन्यासी होने के बाद सबसे पहले वह अपने कुल देवता केशव भगवान के मन्दिर गये, उनको प्रणाम किया। उनका मन्दिर जीर्ण हो रहा था। उसके पुनर्निर्माण के लिए उन्होंने गाँववालों से कहा कि यदि तुम भगवान में श्रद्धा रखते हो तो सभी मिलकर इस मन्दिर का पुनर्निर्माण करवा दो। सभी ने उनके इस कार्य में सहयोग किया। कुछ लोगों ने उनसे पूछा कि आप अब कहाँ जाएँगे, किस से दीक्षा

लेंगे? तो उन्होंने कहा कि मैं अब परम विद्वान गोविन्दपाद जी से दीक्षा ग्रहण करूँगा। मैं उन्हें बचपन से ही अपना गुरु मान चुका हूँ। लोगों ने पूछा कि क्या आपने उनको देखा है? नहीं, मैंने अभी उनके दर्शन नहीं किये हैं। लेकिन उनके विषय में मैंने साधु-संन्यासियों से जो सुना है उसके आधार पर उनको अपना गुरु मान लिया है।

जब बालक शंकर संन्यासी बने तो वह युग वास्तव में बौद्धों का युग था। महात्मा बुद्ध ने जिस सत्य और अहिंसा को लेकर इस धर्म की शुरुआत की थी, उसे लोग भूल चुके थे। बौद्ध मठों में स्त्रियों के प्रवेश के कारण कई तरह की कुरीतियाँ जन्म ले चुकी थीं। बौद्ध भिक्षु अपनी इच्छाओं अनुसार नियमों का उल्लंघन कर रहे थे। तन्त्र-मन्त्र का प्रभाव बढ़ रहा था। कर्मकांड का विस्तार हो रहा था।

इस तरह एक ओर बौद्ध धर्म अपने रास्ते से भटक चुका था।। दूसरी ओर सनातन धर्म की रक्षा के लिए जगह-जगह महापुरुष सामने आ रहे थे। उस युग में कुमारिल भट्ट, मंडन मिश्र और गौडपादाचार्य आदि अनेक विद्वान समाज में सनातन धर्म की अलख जगाए हुए थे तथा बौद्ध भिक्षुओं का भाँडा फोड़ रहे थे।

उसी युग में दक्षिण भारत में सनातन धर्म के प्रचार-प्रसार के लिए विद्या केन्द्रों की स्थापना की जा रही थी। ऐसे ही विद्या केन्द्रों में से एक के प्रधान थे आचार्य गोविन्दपाद। आचार्य गोविन्दपाद आचार्य गौडापाद के प्रधान शिष्य थे तथा विशुद्ध द्वैतवाद के प्रधान आचार्य थे।

ऐसे गोविन्दपादाचार्य से दीक्षा लेने के लिए बालक शंकर चल पड़े। गुरु से मिलने की इच्छा मन में लिए शंकर चलने लगे। रात

शंकराचार्य साधु से वार्ता करते हुए

में वह किसी भी देव स्थान पर ठहर जाते, दोपहर में किसी भी पेड़ के नीचे विश्राम कर लेते। जो भी ईश्वर की दया से खाने को मिल जाता उसे खाकर रास्ते पर आने वाले लोगों और साधु-संन्यासियों से पूछते हुए अपने लक्ष्य की ओर बढ़ते रहे। रास्ते में जंगलों और जंगली जानवरों की परवाह न करते हुए वह चलते जा रहे थे। ईश्वर की कृपा से उनकी भेंट स्वामी ओंकारनाथ से हुई। उनको प्रणाम कर बालक शंकर ने उनसे आचार्य गोविन्दपाद जी के विषय में पूछा। उन्होंने कहा कि आचार्य गोविन्दपाद जी लम्बे समय से एक गुफा में समाधि लिए बैठे हैं। उनके शिष्य उस गुफा की रक्षा के लिए पहरा दे रहे हैं ताकि गुरुदेव की समाधि में कोई बाधा उत्पन्न न हो। शंकर ने पूछा— आचार्य उनकी समाधि कब खुलेगी और कब उनके दर्शन हो सकते हैं? उत्तर मिला— कोई निश्चित समय नहीं कब

गुफा से बाहर आएँगें। शंकर को आचार्य के वचन सुन संतोष हुआ। उन्होंने गुफा तक जाने का रास्ता पूछा तो आचार्य ने उनको रास्ता बता दिया। उस रास्ते से शंकर उस गुफा तक पहुँच गये। वहाँ पर शंकर ने देखा कि कई साधु-संन्यासी आचार्य श्री के दर्शन की प्रतीक्षा में वहीं रह रहे हैं। उनसे शंकर का परिचय हुआ। उनके पूछने पर शंकर ने बताया कि मैं आचार्य श्री से दीक्षा लेने आया हूँ। यह सुनकर उन लोगों ने शंकर से कहा कि बेटा तुम्हें इसके लिए काफी लम्बे समय तक प्रतीक्षा करनी पड़ सकती है। यह कोई नहीं जानता गुरुदेव कब समाधि के बाहर आएँगें। शंकर बोले मैं यहीं रहकर उनका इन्तजार करूँगा।

कुछ ही दिनों बाद आचार्य गोविन्दपाद जी की समाधि भंग हो गयी। उन्हें ऐसा लगा जैसे कोई दैवीय शक्ति उनसे मिलना चाहती

है, लेकिन उसे मुझसे मिलने से बाहर रोक दिया गया हो। उन्होंने अपने शिष्यों से पूछा कि बाहर कोई मुझसे मिलने आया है क्या? शिष्य बोले जी गुरुदेव शंकर नाम का आठ वर्षीय बालक आपसे दीक्षा लेने आया है। वह बाहर ही प्रतीक्षा कर रहा है। आचार्य श्री ने शिष्यों से बालक को शीघ्र गुफा में बुलाने को कहा।

शंकर को देखकर गोविन्दपाद जी मुस्काते हुए सोचने लगे कि यह बालक तो विलक्षण है। इसमें महापुरुषों जैसे लक्षण हैं। उन्होंने शंकर की परीक्षा लेने के लिए कई सवाल पूछे। बालक शंकर ने उनके सम्मान सहित सही उत्तर दिए, जिससे गोविन्दपाद जी बहुत प्रसन्न हुए। उन्होंने अपने अन्य शिष्यों से भी शंकर से सवाल पूछने को कहा। सभी के सवालों के उत्तर देने के बाद गोविन्दपाद जी ने शंकर को अपना शिष्य स्वीकार किया।

बालक शंकर आश्रम में शिक्षा ग्रहण करने लगे। और कुछ ही

समय में शास्त्रों में निपुण हो गये। वह आश्रम के अन्य बालकों को शिक्षा प्रदान करने लगे। गुरुदेव गोविन्दपाद ने शंकर का ज्ञान देखकर यह कह दिया कि कोई भी विद्वान जो मुझसे शास्त्रार्थ करने आएगा, उसे पहले शंकर को पराजित करना होगा। इसके बाद शंकर ने कई विद्वानों को शास्त्रार्थ में पराजित किया।

एक दिन आचार्य गोविन्दपाद के गुरु आचार्य श्री गोडापाद उनके आश्रम में आये। उनके साथ और कई विद्वान थे। उन्होंने जब शंकर से बात की तो वह आश्चर्य में पड़ गये। वह अपने शिष्य गोविन्दपाद से बोल— "तुम्हारे आश्रम का यह बच्चा बड़ा अलौकिक है। इसे तुम कोई साधारण बालक समझने की भूल मत करना। मेरा विश्वास है कि इस बालक का जन्म वैदिक सनातन धर्म की रक्षा के लिए ही हुआ है। तुम इसे पूर्ण ध्यान देकर वैदिक सनातन धर्म की शिक्षा दो। तुम्हें जो भी आता है, वह इस बालक को यथाशीघ्र प्रदान कर दो। इस बालक को जीवन में बहुत कुछ करके दिखाना है। तुम इसका समय बिलकुल भी नष्ट मत करना।"

आचार्य गोविन्दपाद जी बोले— "गुरुवर आप बिलकुल ठीक कह रहे हैं। इस बालक में मुझे प्रायः किसी देवता के दर्शन होते हैं। इस बालक की वैदिक सनातन धर्म में गहरी रुचि है। जब भी मैं इसे वैदिक सनातन धर्म की शिक्षा देता हूँ तो इसकी बाजुएँ फड़क उठती हैं। आपकी तरह मुझे भी इस बात में जरा भी सन्देह नहीं है कि यह भविष्य में वैदिक सनातन धर्म की विजय-पताका को चारों ओर फहराएगा। आपने मुझे जो आदेश दिया है, मैं उसका पूरी तरह से पालन करूँगा। जो भी मुझे आता है, इस बालक से छिपाकर नहीं

शंकराचार्य शिष्यों को उपदेश देते हुए

रखूँगा। आप इस बालक के प्रति जो इच्छा प्रगट कर रहे हैं, वह स्वयं उसी मार्ग पर अग्रसर है।''

इसके बाद शंकर को गले से लगाकर आचार्य गोडपाद चले गये । आचार्य गोविन्दपाद ने गुरु की आज्ञा मानकर शंकर पर ही अपना पूरा ध्यान लगा दिया।

आश्रम के नियमानुसार शिष्यों को आसपास के गाँवों से भिक्षा माँगकर लाना होती थी। शंकर भी भिक्षा लेने जाते थे। वह अन्य शिष्यों की तरह अमीरों के घर से भिक्षा नहीं लेते थे। उनका कहना था कि अमीरों के पास मेहनत की कमाई नहीं होती वह दूसरों का शोषण कर धन कमाते हैं। उनके पैसे में गरीबों की बद्दुआ होती है।

इसलिए वह जब भी भिक्षा लेने जाते, गरीबों के घरों से ही लेते थे। एक दिन वह एक गरीब ब्राह्मण के घर पहुँचे तो घर में पत्नी ही थी। पति भिक्षा माँगने के लिए गये हुए थे। पत्नी ने बालक शंकर को देखा तो वह प्रसन्न हो गयी। बालक के भिक्षा माँगने पर वह बोली—पुत्र मेरे घर में अन्न का दाना तक नहीं मैं तुम्हें क्या भिक्षा दूँ। शंकर बोले माता जो भी आपके घर में हो वह मुझे दे दें। शंकर के बार-बार अनुरोध पर ब्राह्मणी घर में गयी तो एक आँवला मिल गया। वह शंकर को दिया तो शंकर ने बड़े प्रसन्न भाव से उसको स्वीकार कर आशीर्वाद दिया कि आपके यहाँ अब गरीबी नहीं रहेगी। तत्पश्चात समाधिस्थ होकर शंकर ने माँ लक्ष्मी का आवाह्न किया और स्वरचित कनकधारा का पाठ करने लगे। कुछ ही पलों बाद उनके घर में सोने वाले आँवलों की वर्षा होने लगी, जिससे उसकी गरीबी दूर हो गयी।

एक दिन गोविन्दपाद जी ने शंकर को एकान्त में बुलाया तो शंकर ने आकर उनकी चरणवन्दना की और उनके निकट बैठ गये। गुरुदेव बोले— "शंकर, अब तुम्हारे मन में किसी प्रकार का सन्देह तो नहीं रह गया है? अगर मन में कोई जिज्ञासा हो तो शान्त कर सकते हो।"

शंकर प्रणाम करते हुए बोले—"गुरुदेव, आपने मेरा मनोरथ पूर्ण कर दिया। आपकी कृपा से मुझे सब प्राप्त हो गया है। अब तो केवल एक ही इच्छा है कि आपकी कृपा से एकाग्रचित होकर चिर निर्वाण का लाभ प्राप्त करूँ।"

गुरुदेव यह सुनकर बोल— वत्स, वैदिक धर्म के संस्थापन के लिए देवादिदेव भगवान शंकर के अंश से तुम्हारा जन्म हुआ है। मैं

तुम्हें बता देना चाहता हूँ कि मैंने अद्वैत ब्रह्मज्ञान का उपदेश करने के लिए अपने गुरुदेव का आदेश पूरा किया है और इस संसार में मेरा प्रयोजन भी समाप्त हो चुका है। मैं अब समाधियोग से स्वरूप में लीन हो जाऊँगा। तुम काशीधाम जाओ, वहाँ तुम्हें भगवान शंकर के दर्शन होंगे। वह तुम्हें जिस तरह का आदेश करें वैसा करते जाना।

इसके पश्चात आचार्य श्री गोविन्दपाद ने शंकर को संन्यास धर्म की दीक्षा दी। इसके बाद शंकर अब शंकराचार्य हो गये। गोविन्दपाद ने उन्हें भारत में फैले अज्ञान और धर्मान्धता को दूर करने का आशीर्वाद दिया।

दूसरे दिन आचार्य श्री गोविन्दपाद जी ने समाधि ले ली। जिसका शंकर को दुख तो हुआ पर वह गुरुदेव का आदेश मानकर ज्ञान की आलख जगाने के लिए काशीधाम को चल पड़े।

शंकराचार्य शिष्यों से वार्ता करते हुए

उस समय शंकराचार्य की आयु 11 वर्ष की थी। कुछ दिनों में वह विंध्याचल और प्रभास तीर्थ की यात्रा करते हुए काशीधाम पहुँच गये। शंकराचार्य ने एक निर्जन स्थान पर, जो कि मणिकर्णिका घाट के निकट था, सभी संन्यासियों के साथ निवास करने लगे। वह नित्यकर्मों से निपटकर गंगा स्नान करते। फिर श्री विश्वनाथ व अन्नपूर्णा देवी के दर्शन करते हुए नित्य ब्रह्मलीन रहने लगे।

काशी के पंडितों से ब्रह्मविद्या पर नित्य शास्त्रार्थ होता था। कई विद्वानों को उन्होंने हराया जिसके कारण उनकी कीर्ति चारों ओर फैल रही थी। सनंदन को यहीं उन्होंने अपना पहला शिष्य बनाया।

एक दिन शंकराचार्य प्रातः काल गंगा-स्नान को अपने साथियों के साथ जा रहे थे, तो उन्हें किसी स्त्री की रोने की आवाज सुनाई दी। चारों ओर अन्धकार था, थोड़ी दूर चलने पर देखा कि एक शव

जमीन पर रखा हुआ है और स्त्री रो रही है। शंकराचार्य ने उस स्त्री से कहा— माता मृत्यु तो एक शाश्वत सत्य है, जिसे कोई नहीं टाल सकता। हम संन्यासी लोग स्नान के लिए जा रहे हैं। शव कुछ इस तरह से रखा हुआ है कि हमें गुजरने का रास्ता नहीं मिल रहा। आप कृपया शव को तनिक हटा लें ताकि हम यहाँ से गुजर सकें।

वह स्त्री शंकराचार्य की ओर देखकर बोली— "आप तो संन्यासी हैं। आपमें तो योगबल है। आप ही इस शव को अपने स्थान से हटने का आदेश क्यों नहीं देते?" शंकराचार्य ने सामान्य स्वर में कहा— "माता आप तो अच्छी तरह से जानती हैं कि शव में हटने की शक्ति कहाँ है। आप ही इसे हटा लीजिए, ताकि हम स्नानादि के लिए जा सकें।"

उस स्त्री ने कहा— "महात्मन्, मैंने आपका उपदेश अनेक बार सुना है। आप कहा करते हैं कि शक्ति निरपेक्ष ब्रह्म ही जगत

शंकराचार्य शिष्यों को उपदेश देते हुए

का कर्ता है। अगर ऐसा है तो यह शव शक्ति के बिना क्यों नहीं हट सकता?''

शंकराचार्य उस स्त्री की बात सुन चौंक गये, वह सोचने लगे इतने में वह शव और स्त्री दोनों गायब हो गये। ऐसा देखकर शिष्यों ने शंकराचार्य से पूछा यह क्या है गुरुदेव? वह बोले वह स्त्री आद्या शक्ति महामाया थीं जो यह लीला कर रही थीं। उन्होंने वहाँ माँ भवानी की स्तुति की और स्नान के लिए चल पड़े।

शंकराचार्य अद्वैतवादी वेदान्ती थे वह एक ईश्वर को ही मानते थे, सभी में उसी ईश्वर के दर्शन करना उनका मूल सिद्धान्त था। उनका कहना था—'ब्रह्मसत्यं जगत् मिथ्या'। इसी दर्शन का प्रचार-प्रसार करते हुए उनकी कीर्ति चारों ओर हो रही थी।

एक दिन की बात है शंकराचार्य नित्य की तरह गंगा-स्नान को

शंकराचार्य चांडाल से वार्ता

जा रहे थे। तभी रास्ते में एक चांडाल चार खूँखार कुत्तों के साथ रास्ता रोककर खड़ा हो गया। शंकराचार्य ने उसे रास्ता देने को कहा तो वह बोला आप छूकर निकल जाएँ जिसके लिए शंकराचार्य तैयार नहीं हुए। तो चांडाल ने व्यंग्य भाव से कहा—"क्यों महाराज, आप किसे हटने को कह रहे हैं? आत्मा को या देह को? जहाँ तक मैं जानता हूँ, आत्मा तो सर्वव्यापी है। निष्क्रिय है और सतत शुद्ध स्वभाव की है। लेकिन अगर आप देह को हटने के लिए कह रहे हैं तो मैं आपको बता देना चाहता हूँ कि देह तो सभी की एक जैसी होती है। आपकी और मेरी देह को ईश्वर ने अलग-अलग ढंग से तो बनाया नहीं, जो आप से हटने को कह रहे हैं और इसे स्पर्श नहीं करना चाहते।"

यह सुनकर शंकराचार्य आश्चर्य में पड़ गये। चांडाल बोला—

"महात्मन्, आप तो विद्वान हैं। जरा सोचकर बताएँ कि तत्त्व दृष्टि से क्या एक ब्राह्मण और चांडाल में कोई फर्क है?"

चांडाल के ऐसे वचन सुन शंकराचार्य निरुत्तर हो गये। वह कुछ सोच ही नहीं पा रहे थे और चांडाल शास्त्रोक्त बातें कर रहा था। वह बोला—"महाराज, लोग कहते हैं कि आप ईश्वर का अंश हैं और अवतार हैं। क्या ईश्वर अपनी किसी कृति में भेदभाव कर सकता है? क्या वह किसी के साथ ऊँच-नीच का बर्ताव कर सकता है? या फिर छुआछूत बरत सकता है? बहुत तारीफ सुनी थी आपकी। आज सोचा कि क्यों न चलकर देख लिया जाए। लेकिन आप तो वह नहीं निकले, जैसा लोग बताते हैं। आप तो इतना भी नहीं जानते कि छुआछूत, पवित्रता और अपवित्रता ये तो केवल मन के भाव हैं। इससे किसी को मुक्ति थोड़े मिल जाती है।"

चांडाल की बात सुनकर शंकराचार्य बोल—"तुम्हारा जन्म नीच कुल में हुआ है। इसलिए तुम्हें पवित्रता का महत्त्व पता नहीं है एक ब्राह्मण के लिए शारीरिक पवित्रता सबसे पहली चीज है। तुम्हें पता होना चाहिए कि तुम्हारा जन्म नीच कुल में हुआ है। तुम्हें एक ब्राह्मण का सम्मान करना चाहिए, क्योंकि चारों वर्णों में वह सबसे श्रेष्ठ होता है।"

यह सुनकर चांडाल हँसकर बोला—"महात्मा योगीराज जी, केवल ऊँची जाति में जन्म लेने से ही कोई ऊँचा नहीं हो जाता। ऊँचा तो वह व्यक्ति होता है, जिसके कर्म श्रेष्ठ हों। आप चाहे ब्राह्मण कुल में उत्पन्न हुए हों, लेकिन अगर आप बुरे कर्म करना शुरू कर देंगे तो आप किसी भी तरह से श्रेष्ठ नहीं कहे जा सकते। सभी को

शंकराचार्य उपदेश देते हुए

ईश्वर ने एक समान बनाया है और सभी में एक ही ईश्वर का वास है। संसार के सभी जीव एक समान हैं। न कोई बड़ा है और न ही कोई छोटा है। न कोई ऊँचा और न ही नीचा है। ऊँचा वह है जो धर्मात्मा है और सत्कर्म करता है। नीच वह है जो बुरे कर्म करता है और लोगों को दुख देता है।'

शंकराचार्य ने चांडाल से हार मान ली और कहा— "आपकी बड़ी कृपा होगी, अगर आप मुझे वास्तविक रूप से परिचित करवाएँ।"

चांडाल हँसकर अन्तरध्यान हो गया। सामने एक दिव्य महापुरुष खड़े हो गये जो स्वयं भगवान शंकर थे। शंकराचार्य के आनन्द की कोई सीमा नहीं थी, उनके इष्टदेव उनके सामने खड़े थे।

शंकराचार्य ने भगवान की विविध प्रकार से स्तुति की और

प्रार्थना की। तो भगवान शंकर ने शंकराचार्य से कहा कि "मैं तुमसे प्रसन्न हूँ। मैं तुमसे जगत में वैदिक धर्म की पुनः प्रतिष्ठा कराने की इच्छा रखता हूँ। तुम वेदान्त की निर्दोष व्याख्या द्वारा भ्रामक मतवादों का खंडन करके व्यासकृत ब्रह्मसूत्र पर भाष्य की रचना करो और वेदान्त का मुख्य तात्पर्य जो ब्रह्मज्ञान है, उसकी प्रतिष्ठा करके वैदिक धर्म का सर्वसाधारण में प्रचार करो। जगत के सर्वविध कल्याण के लिए ही तुमने मेरे अंश से जन्म ग्रहण किया है। जब तुम्हारा कार्य पूर्ण हो जाएगा, तो तुम मुझमें समा जाओगे।'

शंकराचार्य को उपदेश देकर भगवान शंकर अन्तरध्यान हो गये। शंकराचार्य ने भगवान के आदेशानुसार अद्वैत वेदान्त के प्रचार-प्रसार का कार्य शुरू कर दिया।

अद्वैतवाद (संस्कृत शब्द, अर्थात 'एकत्ववाद' या 'दो न होना') भारत के सनातन दर्शन वेदान्त के सबसे प्रभावशाली मतों में से एक है। इसके अनुयायी मानते हैं कि उपनिषदों में इसके सिद्धान्तों की पूरी अभिव्यक्ति है और यह वेदान्त सूत्रों के द्वारा व्यवस्थित है। जहाँ तक इसके उपलब्ध पाठ का प्रश्न है, इसका ऐतिहासिक आरम्भ मांडूक उपनिषद परछन्द रूप में लिखित टीका 'मांडूक्य कारिका' के लेखक गौड़पाद से जुड़ा हुआ है।

'अद्वैतवाद' विचारधारा की नींव गौड़पादाचार्य ने 215 कारिकाओं (श्लोकों) से रखी थी। इनके शिष्य गोविन्दपादाचार्य हुए और उनके शिष्य शंकराचार्य हुए, जिन्होंने इन कारिकाओं का भाष्य रचा था। यही विचार 'अद्वैतवाद' के नाम से प्रसिद्ध हुआ था। इस विचारधारा ने भारत में फैल रहे नास्तिक बौद्ध और जैन मत को

शास्त्रार्थ में परास्त कर वैदिक धर्म की रक्षा की। शंकराचार्य के प्रचार से भारत में नास्तिक मत तो समाप्त हो गया, साथ ही 'मायावाद' अर्थात 'अद्वैतवाद' की स्थापना हो गयी।

गौड़पाद सातवीं शताब्दी से पूर्व, शायद पहली पाँच शताब्दियों के कालखंड में कभी हुए थे। कहा जाता है कि उन्होंने बौद्ध महायान के शून्यता दर्शन को अपना आधार बनाया था। उन्होंने तर्क दिया कि 'द्वैत' है ही नहीं; मस्तिष्क जागृत अवस्था या स्वप्न में माया में ही विचरण करता है; और सिर्फ 'अद्वैत' ही परम सत्य है। माया की अज्ञानता के कारण यह सत्य छिपा हुआ है। किसी वस्तु का स्वयं या किसी अन्य वस्तु से किसी वस्तु का अस्तित्व में आना है ही नहीं। अंततः कोई वैयक्तिक स्व या जीव नहीं है, केवल आत्मा या परमात्मा है, जिसमें जीव अस्थाई रूप से अंकित हो जाता है,

बिलकुल उसी तरह जैसे पूर्णाकाश का एक अंश किसी पात्र में भर जाता है और पात्र के टूटने पर वह वैयक्तिक आकाश फिर से पूर्णाकाश का अंश हो जाता है।

मध्यकालीन दार्शनिक 'शंकर' या शंकराचार्य ने गौड़पाद के सिद्धान्तों के आधार पर मुख्यतः वेदान्त सूत्रों पर अपनी टीका 'शारीरिक-मीमांसा-भाष्य' में इस मत का विकास किया। शंकर ने तर्क दिया कि उपनिषद ब्रह्म (परमतत्त्व) की प्रकृति की शिक्षा देते हैं और सिर्फ अद्वैत ब्रह्म ही परम सत्य है। शंकराचार्य के कई अनुयायियों ने उनके कार्यों को जारी रखा और विस्तार प्रदान किया, जिनमें नौवीं शताब्दी के दार्शनिक वाचस्पति मिश्र उल्लेखनीय हैं। अद्वैत साहित्य बेहद विस्तृत है और हिन्दू विचारधारा में यह प्रमुख भूमिका अदा करता है। शंकराचार्य ब्रह्म के दो रूप मानते हैं, एक अविद्या उपाधि सहित है, जो जीव कहलाता है और दूसरा सब प्रकार की

शंकराचार्य उपदेश देते हुए

उपाधियों से रहित शुद्ध ब्रह्म है। अविद्या की अवस्था में ही उपास्य, उपासक आदि सब व्यवहार हैं और जब जीव अविद्या से रहित होकर 'अहम् ब्रह्मास्मि' अर्थात 'मैं ब्रह्म हूँ', इस अवस्था को पहुंच जाता है तो जीव का जीवपन नष्टहो जाता है।

अद्वैतमत के अनुसार माया के सम्बन्ध से ही ब्रह्म 'जीव' कहलाता है। यह मायारूप उपाधि अनादिकाल से ही ब्रह्म को मिली हुई है और इस अविद्या के कारण ही जीव, अपने आपको ब्रह्म से भिन्न समझता है। शंकराचार्य के अनुसार माया को परमेश्वर की शक्ति, त्रिगुणात्मिका, अनादिरूपा, अविद्या का नाम दिया गया है। इसे अनिर्वचनीय माना गया है।

अद्वैतमत के अनुसार जगत मिथ्या है। जिस प्रकार स्वप्न झूठे होते हैं तथा अँधेरे में रस्सी को देखकर साँप का भ्रम होता है, उसी

प्रकार इस भ्रान्ति, अविद्या, अज्ञान के कारण ही जीव, इस मिथ्या संसार को सत्य मान रहा है। वास्तव में न कोई संसार की उत्पत्ति, न प्रलय, न कोई साधक, न कोई मुमुक्षु (मुक्ति) चाहने वाला है, केवल ब्रह्म ही सत्य है और कुछ नहीं। अद्वैतमत के अनुसार यह अंतरात्मा न कर्ता है, न भोक्ता है, न देखता है, न दिखाता है। यह निष्क्रिय है। सूर्य के प्रतिबिम्ब की भाँति, जीवों की क्रियाएँ, बुद्धि पर चिदाभास से हो रही हैं।

अद्वैतमत के अनुसार जीव और ब्रह्म की भिन्नता का कारण माया है, जिसे अविद्या भी कहते हैं। जिस समय जीव से अविद्या दूर हो जाती है, उस समय वह ब्रह्म हो जाता है।

इसी सिद्धान्त ने शंकराचार्य को अमर बना दिया। उन्होंने बौद्धधर्म में फैली बुराइयों के बढ़ते प्रभाव को रोका ही नहीं बल्कि सनातन धर्म को एक दिशा प्रदान की।

शंकराचार्य कुछ दिन काशी में रुकने के बाद बारह वर्ष की अवस्था में हरिद्वार के रास्ते बदरिकाश्रम यानी बदरीनाथ की ओर प्रस्थान कर गये। मार्ग में मिलने वाले बौद्ध विद्वानों से शास्त्रार्थ कर उनको पराजित करते जा रहे थे, साथ सनातन धर्म में फैले भेदभाव और कुप्रथाओं को भी समाप्त कर रहे थे।

इस तरह वह उत्तर भारत की ओर बढ़ते हुए श्रीनगर पहुँचे। वहाँ पर तन्त्र का प्रभाव बहुत ज्यादा था, लोग परेशान थे। शंकराचार्य ने लोगों की परेशानी को समझकर उन तान्त्रिकों को शास्त्रार्थ में हराया। फिर अपनी यात्रा शुरू कर दी।

आदि शंकराचार्य द्वारा स्थापित चार मठ

श्रृंगेरी मठ—यह मठ भारत के दक्षिण में रामेश्वरम् में स्थित है। इसके तहत दीक्षा लेने वाले संन्यासियों के नाम के बाद सरस्वती, भारती, पुरी सम्प्रदाय नाम विशेषण लगाया जाता है जिससे उन्हें उस सम्प्रदाय का संन्यासी माना जाता है। इस मठ का महावाक्य 'अहं ब्रह्मास्मि' है, मठ के तहत 'यजुर्वेद' को रखा गया है। इसके पहले मठाधीश आचार्य सुरेश्वर थे। वर्तमान में स्वामी भारती कृष्णतीर्थ इसके 36वें मठाधीश हैं।

गोवर्द्धन मठ—गोवर्द्धन मठ भारत उड़ीसा के पुरी में है। गोवर्द्धन मठ के तहत दीक्षा लेने वाले संन्यासियों के नाम के बाद 'आरण्य' सम्प्रदाय नाम विशेषण लगाया जाता है जिससे उन्हें उस सम्प्रदाय का

संन्यासी माना जाता है। इस मठ का महावाक्य है 'प्रज्ञानं ब्रह्म' और इस मठ के तहत 'ऋग्वेद' को रखा गया है। इस मठ के पहले मठाधीश आदि शंकराचार्य के पहले शिष्य पद्मपाद हुए। वर्तमान में निश्चलानंद सरस्वती इस मठ के 145 वें मठाधीश हैं।

शारदा मठ— शारदा (कालिका) मठ गुजरात में द्वारकाधाम में है। इसके तहत दीक्षा लेने वाले संन्यासियों के नाम के बाद 'तीर्थ' और 'आश्रम' सम्प्रदाय नाम विशेषण लगाया जाता है जिससे उन्हें उस सम्प्रदाय का संन्यासी माना जाता है। इस मठ का महावाक्य है 'तत्त्वमसि' और इसमें 'सामवेद' को रखा गया है। शारदा मठ के पहले मठाधीश हस्तामलक (पृथ्वीधर) थे। हस्तामलक आदि शंकराचार्य के प्रमुख चार शिष्यों में से एक थे। वर्तमान में स्वामी स्वरूपानन्द सरस्वती इसके 79 वें मठाधीश हैं।

ज्योतिर्मठ—ज्योतिर्मठ उत्तराखण्ड के बद्रिकाश्रम में है। ज्योतिर्मठ के तहत दीक्षा लेने वाले संन्यासियों के नाम के बाद 'गिरि', 'पर्वत' और 'सागर' सम्प्रदाय नाम विशेषण लगाया जाता है जिससे उन्हें उस सम्प्रदाय का संन्यासी माना जाता है। इसका महावाक्य 'अयमात्मा ब्रह्म' है। मठ के अंतर्गत अथर्ववेद को रखा गया है। इसके पहले मठाधीश आचार्य तोटक थे। वर्तमान में कृष्णबोधाश्रम इसके 44 वें मठाधीश हैं।

शंकराचार्य ने भारतवर्ष को एक सूत्र में बाँधने के उद्देश्य से चार दिशाओं में चार मठों की स्थापना की।

शंकराचार्य के प्रमुख शिष्यों में से एक थे मंडन मिश्र जो उस समय के मीसांसा दर्शन के प्रमुख विद्वान माने जाते थे। शंकराचार्य

शंकराचार्य मंडन मिश्र से शास्त्रार्थ करते हुए

ने उनकी कीर्ति सुनी तो वह उनसे शास्त्रार्थ करने पहुँचे। शास्त्रार्थ सात दिनों तक चला। शास्त्रार्थ में एक शर्त रखी गयी थी जो भी पराजित होगा वह जीतने वाले का शिष्य बन जाएगा। इस शास्त्रार्थ की मध्यस्थता मंडन मिश्र की पत्नी सरस्वती देवी ने की थी। अन्त में मंडन मिश्र की पराजय होने लगी तो उनकी पत्नी जो स्वयं एक विदुषी थी उन्होंने शंकराचार्य को शास्त्रार्थ के लिए निमन्त्रण दिया।

शंकराचार्य ने उनके बार-बार अनुरोध पर शास्त्रार्थ शुरू कर दिया। वह भी शंकराचार्य से पराजित होने लगी तो वह कामशास्त्र से प्रश्न करने लगी। यह सुन शंकराचार्य चौंक गये। बोले— "देवी मैं बाल ब्रह्मचारी हूँ। इस विषय में आप मुझसे शास्त्रार्थ न करें लेकिन वह बोली नहीं शास्त्रार्थ सभी विषयों पर हो सकता है। आपको उत्तर देने होंगे। शंकराचार्य पराजित होने लगे तो वह बोले, देवी मैं आपसे शास्त्रार्थ करूँगा मगर मुझे एक वर्ष का समय चाहिए

उसके बाद में आपसे शास्त्रार्थ करूँगा। सरस्वती देवी ने उन्हें एक वर्ष का समय दे दिया।

शंकराचार्य वहाँ से चल पड़े। वह चलते हुए राजा अमरदेव के राज्य में पहुँचे। उन्होंने सुना था कि वह राजा काफी विलासी है तथा उनकी पत्नी कामशास्त्र में निपुण है। संयोग से राजा अमरदेव का देहान्त हो गया।

शंकराचार्य को यह अवसर मिल गया कि वह राजा के शरीर में प्रवेश कर उनकी पत्नी से कामशास्त्र की शिक्षा ग्रहण कर सकते हैं। उन्होंने ऐसा विचार कर अपने प्राणों को योग-विद्या से राजा के शरीर में प्रवेश करवा दिया।

राजा अमरदेव में शंकराचार्य के प्रवेश होते ही वह पुनः जीवित हो गये। उनके परिजनों में हर्ष की लहर फैल गयी। राजा को श्मशान से घर ले आये। शंकराचार्य राजा के शरीर में रहते हुए भोग-विलास

शंकराचार्य उपदेश देते हुए

में डूब गये। वह राजा की पत्नी से कामशास्त्र सीखने लगे। कुछ ही समय में वह कामशास्त्र में निपुण हो गये।

शंकराचार्य ने राजा के शरीर को छोड़कर अपने शरीर में प्रवेश कर लिया। रानी को जब यह बात पता चली तो उनके शिष्यों ने रानी को सारी कहानी सुनाई कि राजा तो उसी समय स्वर्ग सिधार चुके थे। उनके शरीर में तो हमारे गुरु जी ने प्रवेश कर आपसे शिक्षा प्राप्त की है।

शंकराचार्य कामशास्त्र में निपुण होकर सरस्वती देवी के पास पहुँचे और उनसे शास्त्रार्थ किया। उनको कामशास्त्र में पराजित कर दिया। इसके बाद मंडन मिश्र उनके प्रिय शिष्य बन गये।

शंकराचार्य निरन्तर अपने शिष्यों के साथ भ्रमण करते रहे और

शंकराचार्य शिष्यों को उपदेश देते हुए

लोगों को सद्मार्ग पर चलने के लिए उपदेश देते रहे। वे कहते थे—

मनुष्य का धर्म—"जो लोग परिश्रम से धन कमाते हैं, इस धन को अच्छे कार्यों में खर्च कर दें। जरूरतमन्दों की मदद कर दें। असहाय लोगों का सहारा बनना ही एक अच्छे गृहस्थ का कर्तव्य है।"

सम्पत्ति में ही सुख नहीं है—"यदि कोई मन में सोचे कि धन में सच्चा सुख है तो यह गलत है। सुख स्त्री, पुत्र और परिवार आदि के सुख में है।"

निस्वार्थ भाव से किया गया कर्म ही श्रेष्ठ है—"बाहरी चिह्नों को धारण करने से कोई धर्म का सम्पादन नहीं करता। कहना चाहिए कि बाहरी चिह्न और आडम्बर तो धर्म के प्रतिकूल हैं। वास्तविक धर्म-साधना तो आडम्बर से दूर रहकर, आत्म चिन्तन से ही हो सकती है।"

इस तरह कई सारगर्भित उपदेशों से जनमानस को पवित्र करते हुए शंकराचार्य कश्मीर से बदरीनाथ गये। वहाँ कुछ दिन ठहरने के बाद वे केदारनाथ चले गये। जब उनकी आयु मात्र 32 वर्ष की थी, वह भगंदर नामक रोग से पीड़ित हो गये। अनेक वैद्य आये, लेकिन उस रोग को न मिटा पाये। शंकराचार्य समझ गये कि अब हमारा परलोक जाने का समय आ गया है।

उन्होंने अपने सभी शिष्यों को बुलाया और कहा कि मैं अब समाधि लेने जा रहा हूँ । शिष्य सारे उदास हो गये। उन्होंने पहले श्रीमंदिर में पूजा-अर्चना की। फिर समाधि लगाकर बैठ गये। शिष्य यह देखकर रोने लगे तो शंकराचार्य ने आँखें खोलीं और शिष्यों को उपदेश दिया कि "मेरे बाद सनातन वैदिक धर्म का इसी तरह प्रचार करते रहना। जिस ब्रह्मात्म विज्ञान का मैंने उपदेश दिया है, वह गुरु परम्परा से ही प्राप्त हुआ है। तुम सब ब्रह्म स्वरूप में प्रतिष्ठित रहो, यह मेरा आशीर्वाद है। यह कहकर शंकराचार्य मौन हो गये। फिर ध्यान लगाकर ब्रह्म में समाधिस्थ हो गये। जगद्गुरु शंकराचार्य की समाधि केदारनाथ में आज भी है।

आदि शंकराचार्य की वाणी

— यह परम सत्य है कि लोग आपको उसी समय तक याद करते हैं जब तक आपकी साँसें चलती हैं. इन सांसों के रुकते ही आपके करीबी रिश्तेदार, दोस्त और यहाँ तक की पत्नी भी दूर चली जाती है।

— सत्य की कोई भाषा नहीं है। भाषा तो सिर्फ मनुष्य द्वारा बनाई गयी है लेकिन सत्य मनुष्य का निर्माण नहीं, आविष्कार है। सत्य को बनाना या प्रमाणित नहीं करना पड़ता।

— जब मन में सत्य जानने की जिज्ञासा पैदा हो जाती है तब दुनिया की बाहरी चीजें अर्थहीन लगती हैं।

— हर व्यक्ति को यह ज्ञान होना चाहिए कि आत्मा एक राग के समान होती है जो शरीर, इन्द्रियों, मन, बुद्धि से बिल्कुल अलग होती है। आत्मा इन सबका साक्षी स्वरूप है।

— तीर्थ करने के लिए किसी जगह जाने की जरूरत नहीं है। सबसे बड़ा और अच्छा तीर्थ आपका अपना मन है जिसे विशिष्ट रूप से शुद्ध किया गया हो।

— मोह से भरा हुआ इंसान एक सपने कि तरह है, यह तब तक ही सच लगता है जब तक वह अज्ञान की नींद में सो रहा होता है। जब उनकी नींद खुलती है तो इसकी कोई सत्ता नहीं रह जाती है।

— अज्ञानता के कारण आत्मा सीमित लगती है लेकिन जब अज्ञान का अन्धेरा मिट जाता है तब आत्मा के वास्तविक स्वरूप का ज्ञान हो जाता है. जैसे बादलों के हट जाने पर सूर्य दिखाई देने लगता है।

— आत्मसंयम क्या है? आँखों को दुनिया की चीजों की ओर आकर्षित न होने देना और बाहरी तत्त्वों को खुद से दूर रखना।

— जिस तरह किसी दीपक को चमकने के लिए दूसरे दीपक की जरू रत नहीं होती है ठीक उसी तरह आत्मा को जो खुद ज्ञान का स्वरूप है उसे अन्य किसी ज्ञान कि आवश्यकता नहीं होती है।

— सत्य की परिभाषा क्या है? सत्य की बस इतनी ही परिभाषा है कि जो सदा था, जो सदा है और जो सदा रहेगा.

— उस समय धर्म की किताबें पढ़ने का कोई मतलब नहीं जब तक आप सच का पता न लगा पाएँ, इसी तरह से अगर आप सच जानते हैं तो धर्मग्रन्थ पढ़ने कि कोई जरूरत नहीं हैं।

— हमें आनन्द तभी मिलता है जब हम आनन्द कि तलाश नहीं कर रहे होते हैं।

शंकराचार्य द्वारा रचित साहित्य

- अष्टोत्तरसहस्त्रनामावलि:
- उपदेशसहस्त्री
- चर्पटपंजरिकास्तोत्रम्
- तत्त्वविवेकाख्यम्
- दत्तात्रेयस्तोत्रम्
- द्वादशपंजरिकास्तोत्रम्
- पंचदशी
- कूटस्थदीप
- चित्रदीप
- तत्त्वविवेक
- तृप्तिदीप
- द्वैतविवेक
- ध्यानदीप
- नाटक दीप
- पञ्चकोशविवेक
- पञ्चमहाभूतविवेक
- पञ्चकोशविवेक
- ब्रह्मानन्दे अद्वैतानन्द
- ब्रह्मानन्दे आत्मानन्द
- ब्रह्मानन्दे योगानन्द
- महावाक्यविवेक
- विद्यानन्द
- विषयानन्द
- परापूजास्तोत्रम्
- प्रपंचसार
- भवान्यष्टकम्
- लघुवाक्यवृत्ती
- विवेकचूडामणि
- सर्ववेदान्तसिद्धान्तसारसंग्रह
- साधनपंचकम भाष्य
- अध्यात्म पटल भाष्य
- ईशोपनिषद भाष्य
- ऐतरोपनिषद भाष्य
- कठोपनिषद भाष्य
- केनोपनिषद भाष्य
- छांदोग्योपनिषद भाष्य

- तत्त्वोपदेश(87)
- धन्याष्टकम् (8)
- निर्वाण मंजरी (12)
- निर्वाणशतकम् (6)
- पंचीकरणम् (गद्य)
- प्रबोध सुधाकर (257)
- प्रश्नोत्तर रत्न मालिका (67)
- प्रौढ अनुभूति (17)
- यति पंचकम् (5)
- योग तरावली (29)
- वाक्यवृत्ति (53)
- शतश्लोकी (100)
- सदाचार अनुसंधानम् (55)
- साधन पंचकम् किंवा उपदेश पंचकम् (5)
- स्वरूपानुसंधान अष्टकम् (9)
- स्वात्म निरूपणम् (153)
- स्वात्मप्रकाशिका (68)

स्तोत्र साहित्य

- गणेश स्तुति
- गणेश पंचरत्न म् (5)
- गणेश भुजांगम् (9)
- शिवस्तुति
- कालभैरव अष्टकम् (10)
- दशश्लोकी स्तुति (10)
- दक्षिणमूर्ति अष्टकम् (10)
- दक्षिणमूर्ति स्तोत्रम् (19)
- दक्षिणमूर्ति वर्णमाला स्तोत्रम् (13)
- मृत्युंजय मानसिक पूजा (46)
- वेदसार शिव स्तोत्रम् (11)
- शिव अपराधक्षमापन स्तोत्रम्
- शिव आनंदलहरी (100)
- शिव केशादिपादान्तवर्णन स्तोत्रम्
- शिव नामावलि अष्टकम् (9)
- शिव पंचाक्षर स्तोत्रम् (6)
- शिव पंचाक्षरा नक्षत्रमालास्तोत्रम्
- शिव पादादिकेशान्तवर्णनस्तोत्रम्
- शिव भुजांगम् (4)
- शिव मानस पूजा(5)
- सुवर्णमाला स्तुति (50)
- शक्तिस्तुति
- अन्नुपूर्णा अष्टकम् (8)
- आनंदलहरी
- कनकधारा स्तोत्रम् (18)
- कल्याण वृष्टिस्तव (16)
- गौरी दशकम् (11)
- त्रिपुरसुंदरी अष्टकम् (8)
- त्रिपुरसुंदरी मानस पूजा (127)
- त्रिपुरसुंदरी वेद पाद स्तोत्रम् (10)
- देवी चतुष्षष्ठी उपचार पूजा स्तोत्रम्
- देवी भुजांगम् (28)
- नवरत्न मालिका (10)

- भवानी भुजांगम् (17)
- भ्रमरांबा अष्टकम् (9)
- मंत्रमातृका पुष्पमालास्तव (17)
- महिषासुरमर्दिनी स्तोत्रम्
- ललिता पंचरत्नम् (6)
- शारदा भुजंगप्रयात स्तोत्रम् (8)
- सौंदर्यलहरी (100)

विष्णु एवं उनके अवतारों की स्तुति

- अच्युताष्टकम् (9)
- कृष्णाष्टकम् (8)
- गोविंदाष्टकम् (9)
- जगन्नाथाष्टकम् (8)
- पांडुरंगाष्टकम् (9)
- भगवन मानस पूजा (10)
- भजगोविंदम् (31)
- राम भुजंगप्रयात स्तोत्रम् (29)
- लक्ष्मीनृसिंह करावलंब स्तोत्रम्
- लक्ष्मीनरसिंह पंचरत्नम् (5)
- विष्णुपादादिकेशान्त स्तोत्रम् (52)
- विष्णु भुजंगप्रयात स्तोत्रम् (14)
- षट्पदीस्तोत्रम् (7)

अन्य देवताओं एवं तीर्थों की स्तुति

- अर्धनारीश्वरस्तोत्रम् (9)
- उमा महेश्वर स्तोत्रम् (13)
- काशी पंचकम् (5)
- गंगाष्टकम् (9)
- गुरु अष्टकम् (10)
- नर्मदाष्टकम् (9)
- निर्गुण मानस पूजा (33)
- मनकर्णिका अष्टकम् (9)
- यमुनाष्टकम् (8)
- यमुनाष्टकम्-2 (9)

□□□